Copyright © 2020 Frank Toledo

ISBN-9798556091214

Todos los derechos reservados, ninguna parte de este libro puede ser reproducida sin autorización del autor.

# CONTENTS

| | |
|---|---|
| Copyright | |
| DEDICATORIA | 7 |
| AGRADECIMIENTOS | 8 |
| Vivian Oliveros, Naiviv Linarez, Barbara Briceño Rosales | 9 |
| Contenido | 10 |
| Introducción | 11 |
| Otros tips útiles para fomentar la responsabilidad y la disciplina son | 13 |
| El Operador de Cámara | 14 |
| El Primer Asistente o Foquista | 15 |
| La script | 16 |
| Maquinistas o Key Grip | 17 |
| El Dit o Media Manager | 19 |
| La cámara y sus componentes | 20 |
| Revisión General del Equipo | 22 |
| Pruebas de cámara | 23 |
| La Importancia de ver las pruebas | 25 |
| Herramientas y accesorios | 26 |
| Sobre mí | 27 |
| El Director de fotografía | 28 |

Glosario técnico

# FRANK TOLEDO

# EL ASISTENTE DE CÁMARA EN CINE

UN MANUAL PRÁCTICO
DONDE APRENDERÁS RECURSOS Y TÉCNICAS
DE LA INDUSTRIA CINEMATOGRÁFICA

FRANK TOLEDO

# EL ASISTENTE DE CÁMARA EN CINE

*Un manual práctico donde aprenderás recursos
y técnicas de la industria cinematográfica.*

EL ASISTENTE DE CÁMARA EN CINE

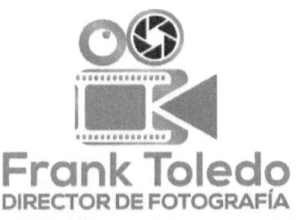

**AUTOR**

*Frank Toledo*

*Copyright © 2020 Frank Toledo*

*Todos los derechos reservados.*
**ISBN: 9798556091214**

*Elasistentedecámaraencine@gmail.com*

FRANK TOLEDO

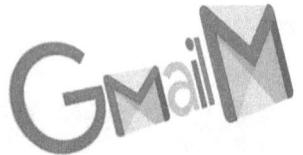

EL ASISTENTE DE CÁMARA EN CINE

*PORTADA: ANGÉLICA USECHE*
*LUCHO O CARRILLO*

*Publicado: Frank Toledo*

**Todos los derechos reservados, ninguna parte de este libro puede ser reproducida sin autorización del autor.**

# DEDICATORIA

*Al Señor Martín Álvarez, Efraín Guia, y Carlos Tovar.*

# AGRADECIMIENTOS

*VIVIAN OLIVEROS, NAIVIV LINAREZ,
BARBARA BRICEÑO ROSALES*

# CONTENIDO

Introducción:

El Operador de cámara:

El Primer Asistente o Foquista:

La Script:

El Maquinista o Key Grip:

El Dit o media Manager:

La cámara y sus componentes:

Revision General del Equipo:

Pruebas de cámara:

La importancia de ver las pruebas:

Herramientas y accesorios:

Sobre mi:

El Director de fotografia:

Glosario técnico:

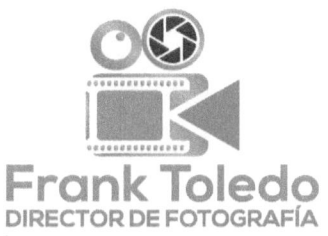

## *INTRODUCCIÓN*

¿Qué es un asistente de cámara? ¿Qué hace? ¿Cuál es su responsabilidad? Estas y otras dudas siempre surgen al momento de explicar a qué me dediqué en mis comienzos profesionalmente en la asistencia de cámara.

A fines de contestar estas preguntas, lo primero que debemos tomar en cuenta es que la industria audiovisual se considera más un oficio que un trabajo, ya que lo principal que debe poseer la persona que desee trabajar en esta industria es pasión y responsabilidad. De otra manera, debes enamorarte de lo que haces, como sucede con un músico que ejecuta un instrumento profesionalmente, que hace lo que le gusta y le apasiona.

Un Asistente de Cámara es, además de ser la persona que asiste al camarógrafo, una persona vital en el equipo audiovisual, ya que debe ser capaz de pensar y tomar decisiones muy rápido, adelantarse a lo que viene en cualquier situación en la que esté trabajando, ya sea un documental, una película, un reportaje o un spot publicitario. Cada proyecto tiene su ritmo y cada camarógrafo tiene su estilo de trabajar, por lo que la labor del asistente va a ser de apoyo y de acompañamiento a cada camarógrafo de acuerdo a su estilo.

La idea de este contenido es brindar información didáctica al lector desde mi experiencia en este oficio tan apasionante e interesante para su mejor disfrute y desempeño profesional.

El asistente de cámara debe tener ciertas características personales, como son la responsabilidad y la disciplina. Un buen asistente de cámara debe recordar que manipula equipos muy costosos y delicados, y que es el responsable ante cualquier falla u olvido de alguno de ellos.

La disciplina comienza en el momento en que eres contactado para un proyecto determinado ya sea por un productor, un rental, o por el director de fotografía. Una vez que estás comprometido con el proyecto y que sabes las fechas de rodaje y tus honorarios, lo primero que debes de saber es qué vas a filmar y dónde será la filmación. Para tener un mejor conocimiento de cómo manejar el proyecto, te sugiero lo siguiente:

Si conoces al director de fotografía podrías conversar un poco con él acerca del proyecto, ya que ese primer acercamiento puede servir para determinar si existen requerimientos especiales, como por ejemplo: filtros, ópticas, pruebas de cámara, de actores, visitas a locaciones, entre otros.

Si no conoces al director de fotografía, puedes pedirle al productor del proyecto que por favor te ponga en contacto con él, y una vez en contacto, le manifiestas tus inquietudes sobre el proyecto, y que estas a su disposición por si quiere saber algún detalle adicional del equipo de cámara.

## OTROS TIPS ÚTILES PARA FOMENTAR LA RESPONSABILIDAD Y LA DISCIPLINA SON

*Llegar con antelación a tu llamado, como mínimo 20 minutos antes.*

Tener la cámara lista, es decir, montada en su trípode con un lente de 35 mm y con todos sus accesorios.
El resto del equipo ordenado en un lugar donde no sea una molestia y que no esté muy alejado del lugar de trabajo.

Estar al cuidado de la cámara siempre, es decir, al lado de ella, ya que esta es una norma fundamental para un buen asistente de cámara.

Siempre atento a los cambios que puedan surgir, por ejemplo si se necesita un lente más amplio o más cerrado.

Tener siempre las tarjetas y baterías de la cámara, ya que como no se tiene claro cuántas escenas se pueden repetir o si puede suceder cualquier eventualidad, es mejor tener una tarjeta vacía y una batería recién cargada.

*Son estos detalles los que caracterizan a un buen Asistente de Cámara.*

Además del Asistente de Cámara, en un proyecto audiovisual participan otras personas en el Departamento de Cámara como:

## EL OPERADOR DE CÁMARA

Es la persona que maneja la cámara en un rodaje, y puede también dar instrucciones al asistente de cámara tal como el director de fotografía. Sin embargo, la potestad del uso de las diferentes ópticas depende del director de fotografía no del operador cámara, ya que su labor es interpretar lo que le pida el director de fotografía. Cuando el director de fotografía conoce bien el trabajo del operador de cámara, se facilita su trabajo dentro del rodaje. No obstante, la puesta de la escena generalmente la definen entre el Director, y el operador de cámara y la supervisa el director de fotografía.

## EL PRIMER ASISTENTE O FOQUISTA

El foguista o primer asistente es el responsable de mantener la imagen enfocada. Esta labor es delicada, ya que requiere de mucha precisión, concentración y responsabilidad. Él es el responsable de atender las necesidades del director de fotografía, y de la cámara en el set, ya que él es el que manipula la cámara para cambiar un lente, un filtro o Zoom junto al asistente de cámara.

La labor del primer asistente o foquista es pensar, calcular, enfocar a ojo; sus manos deben de estar relajadas para mover el seguidor de foco con sutileza. El cambio en la imagen es siempre imperceptible y esa es la magia que hace el primer asistente o foquista.

## LA SCRIPT

Las responsabilidades de la script son varias, la principal es la continuidad de la película, trabaja estrechamente con el director y con el primer asistente de dirección. Su relación con el asistente de cámara es la de llevar el reporte técnico de toda la información que se deriva de cada escena filmada; este reporte contiene la siguiente referencia técnica: locación; interior: día o noche, normalmente en interiores, los directores de fotografía suelen hacer noches siendo de día o viceversa; hora de inicio de la primera toma; tipo de cámara; Iso; lentes; apertura de diafragma; número de la tarjeta; letra de la tarjeta; el número de la escena; secuencia y toma. Tanto el director como el director de fotografía pueden acotar información adicional. Por ejemplo, el director puede tener preferencia por la toma dos y tres o quiere ver todas las que se hayan filmado, el director de fotografía puede pedir sobreexponer medio punto todas las que quiera ver el director, o que corrijan la temperatura de color. Estos reportes suelen ser de utilidad para la persona que va a llevar la responsabilidad de armar la película, es decir, el editor y su asistente, el personal de post producción, el personal de sonido. Es importante recordar que una película casi nunca se filma cronológicamente. Por ejemplo, se puede empezar por el final y terminar con el principio. A veces hay escenas que se extravían en el proceso, y es en ese momento cuando los reportes son de vital importancia, ya que le indicarán al editor en qué día y en qué fecha buscar la información extraviada.

## MAQUINISTAS O KEY GRIP

Los maquinistas o Key Grip son aquellas personas encargadas de trasladar la cámara. Por ejemplo cuando una determinada escena queda terminada y hay que mudarse a la siguiente locación. Son colaboradores al servicio de la cámara.

El contenido aquí explicado está basado en mis conocimientos de la industria venezolana donde me formé como técnico y de mi experiencia trabajando en algunos proyectos franceses, italianos, españoles y americanos rodados en Venezuela. Sin embargo, su rol va a depender de las regulaciones sindicales de cada país.

En el caso de mi experiencia, los Key Grip colaboran con el departamento de cámara, y para explicarlo mejor voy a citar el siguiente ejemplo: Para determinada escena hay que colocar la cámara en un puente de forma cenital, en este caso, la manipulación de la cámara; y colocarla cenitalmente va a depender de los Key Grip. Pero el asistente de cámara debe estar atento a todo ese proceso y debe estar siempre con la cámara y sus accesorios (lentes y filtros) listos por si hay algún requerimiento Técnico que solicite el Director de Fotografía, como puede ser ir a más cuadros por segundo, o mover el shutter u obturador para que todo esté seteado y listo en el momento de colocar la cámara en el puente.

Los Maquinistas o Key Grip son los encargados de mover la cámara en los rieles conocidos como dolly. El jefe de Máquina es el encargado de los movimientos que se coordinan con el Operador de Cámara y también ejecutan los movimientos en grúa, si fuese el caso. El departamento Máquina de o Key Grip son los encargados de la seguridad tanto de la cámara como de la parte eléctrica en un rodaje, por ejemplo: hay que colocar dos luces grandes en el borde de un río y ellos son los encargados de colocar los andamios o scaffold de la manera más segura usando todo lo necesario para que queden bien sostenidos de él. Es sobre sus hombros que está la responsabilidad de que tanto el andamio, el farol y el trípode estén bien colocados a la altura que corresponda y de la forma que garantice su cuidado y la seguridad del equipo.

## EL DIT O MEDIA MANAGER

El Dit es otro miembro importante en el Departamento de Cámara, cuyo rol surgió con la llegada de las cámaras digitales. El dit es un técnico que conoce tanto el software de las cámaras digitales como el procesamiento de la Imagen digital, colabora directamente con el Director de Fotografía y el Departamento de Post Producción. Él es el responsable de configurar la cámara de acuerdo con lo que el Director de Fotografía requiere para cada escena, y de cómo se va a procesar la imagen una vez que se descarga de la tarjeta de la cámara.

La figura del Media Manager está más enfocada a la preservación del material, es decir, a su almacenamiento en una laptop y al respaldo de la data e imágenes en diferentes discos duros proporcionados por la producción para tal fin.

*Hoy en día las cámaras son computadoras con lentes que se componen de los siguientes elementos.*

## LA CÁMARA Y SUS COMPONENTES

Una placa;
Una base electrónica;
Un sensor; Un visor;
Un monitor externo;
Un fan cooler o disipador de calor; Software;
Tarjetas: 32 GB, 64 GB, o 128 GB para grabar; Diferentes conexiones de entrada y salidas.

Estas cámaras digitales son un poco más delicadas que las cámaras de formato celuloide; en caso de la marca Arri, sus cámaras están construidas con materiales muy resistentes.
Lo más importante es ir aprendiendo cómo armar la cámara correctamente, para eso debes seguir los siguientes pasos:
Colocar el trípode; montar el cabezal;
Colocar el cuerpo de la cámara con los accesorios o base;
Montar un lente 35 MM con el sistema de focus follower (seguidor de foco), el matte box o para sol; colocar y conectar el monitor.
Encender cámara aproximadamente unos 15 a 20 minutos para que se caliente y de esta manera pueda trabajar bien el sensor y la electrónica de la cámara.
Una vez realizados los pasos anteriores, viene la fase de configuración de la cámara, en la cual vas a establecer los parámetros que se emplearán para una adecuada filmación:

Indice de exposición, ángulo de obturación o velocidades de obturación, temperatura de color, balance de blanco, y velocidad de la cámara, es decir, a cuantos cuadros por segundos: 24, 25, 30 o 60. Este proceso de configuración va acompañado de las directrices que indique el Director de Fotografía, que es el responsable de la imagen, y el Asistente de Cámara nunca puede tomar una decisión pasando por encima de él. Recuerda que comenté al principio que el Primer Asistente es responsable junto al Director de Fotografía de ese proceso que se realiza cuando vas a rodar tu primera escena, pero cuando te ganas la confianza del Primer Asistente esa función te la delegan a ti como Asistente de Cámara. Ahora bien, hablemos de las configuraciones de la cámara:

El Índice de Exposición o ISO: la palabra ISO es un acrónimo que significa **International Organization For Standardization** (en español, Organización Internacional para La Estandarización). El ISO de cualquier cámara puede ir de 100, 200, 400, 800, o 1600. Una vez que configuras el ISO en la cámara, el sensor va a responder a ese factor de ISO.

El sensor es como la película del cine químico, la luz sea artificial o natural es el ingrediente para que el sensor realice su proceso interno de formar la imagen en píxeles.

La velocidad de obturación es un término que viene de las cámaras de formato 35 mm el Obturador en estas cámaras era un disco de 360 grados que al girar permite el paso de la luz, es decir, a los 180 grados entraba luz y a los otros 180 grados no había entrada de luz.

La obturación y los cuadros por segundos son dos factores que en cine no se manipulan con frecuencia, salvo situaciones muy específicas.

En países donde la frecuencia es de 60 HZ, la cadencia o velocidad estándar de cps de cuadros por segundos es de 24 cuadros por segundo, básicamente debes colocar la cámara en los 24 cuadros o frame y colocar el obturador o shutter en 180 grados.

En Europa, la fórmula es 25 cps cuadros por segundos y 172,8 la obturación o shutter. La temperatura de color normalmente es de 3200 Grados Kelvin o 5600 Grados Kelvin pero cada Director de Fotografía emplea la temperatura de color de acuerdo a su propuesta visual. Por ejemplo, las noches pueden ser cálidas o frías con una dominante azul.

# REVISIÓN GENERAL DEL EQUIPO

Inicialmente debes hacer una revisión general de todo el equipo con el que se va a trabajar en el proyecto. Esta revisión debes realizarla meticulosamente y verificar que 1) cada accesorio de la cámara esté en perfectas condiciones; que los filtros no estén rayados, ni manchados, ni astillados y que estén sin hongos; que las baterías funcionen correctamente; que el cargador tenga fusibles de repuesto por si alguno se quema; que tengas los filtros grandes y el matbook o parasol grande tamaño 6x6 si vas a trabajar con un lente tipo Zoom; que los monitores funcionen correctamente para eso debes prenderlos y verificar que dan señal, que tengas cables extras, que los trípodes funcionen perfectamente tanto el Panning como el Tilt; el panning se utiliza para los movimientos horizontales y el tilt para los verticales. La forma correcta de probar los trípodes es montando la cámara con todo sus accesorios como si fuese un día de rodaje, y realizar el panning moviendo la cámara muy lenta (lo más lento posible) y fluidamente (sin que se frene el movimiento) tanto de derecha a izquierda como de izquierda a derecha. El tilt se prueba de la misma forma, solo que el movimiento va a ser hacia arriba y hacia abajo. En caso de que el movimiento no sea fluido, es decir, si hay un brinco o se frena cuando estés probando los trípodes, lo más recomendable es que lo cambies por uno que funcione correctamente.

Generalmente, los trípodes suelen ser de dos tipos, el estándar o trípode normal y el baby o más bajo, y para ambos debes realizar la revisión.

# PRUEBAS DE CÁMARA

Cada miembro del Departamento de Cámara, comenzando por el Director de Fotografía, debe probar y conocer el equipo con el cual va a rodar determinado proyecto y tomar decisiones sobre qué es lo que más va a favorecer al mismo.

El responsable de la imagen, es decir, el Director de Fotografía, realiza dos tipos de prueba, la primera es observar cómo se ven los actores principales, cómo se aprecian los colores del vestuario, el maquillaje, el tono de las pieles de acuerdo a las indicaciones aprobadas por el Director y el Director de Arte; la segunda prueba es un poco más técnica, ya que en ella se determinan los valores de contraste, la temperatura de color junto al Gaffer o Jefe Eléctrico, y si fuese necesario muchas veces se prueban luces artificiales, mezclando las luces frías y cálidas. Junto al Dit se determinan algunos aspectos técnicos como la gama, el ISO, la curva logarítmica, el color y su corrección, ya que los Dit conocen más sobre el software de cámara y el de corrección de color.

El operador de cámara debe de estar en la prueba chequeando que esté todo el material de cámara, y el de máquina debe verificar que los rieles funcionen, que no haya ningún tipo de fricción, que el carrito dolly suba y baje sin ningún contratiempo o brinco.

El foquista y el asistente de cámara son los responsables de la óptica, aunque en mayor medida el foquista, ya que su responsabilidad es mantener la imagen enfocada en todo el proyecto. Estas pruebas consisten en probar la distancia focal de cada lente y para eso se utiliza una carta que se fija preferiblemente a la pared, la carta está diseñada para ver la resolución de cada lente y el procedimiento correcto para probar cada uno de los lentes es el siguiente: primero debes de colocar el lente más teleobjetivo que tengas, es decir, el más cerrado y colocar el trípode a una altura normal en el mismo eje de la cámara; luego debes de colocar la mínima distancia focal que sería 3,5 pulgadas (en metros 0,90 centímetros), normalmente, los lentes traen dos escalas, una en metros y otra en pies y pulgadas.

Una vez que estás a la distancia mínima, no podrás encuadrar la carta completa porque el lente es muy cerrado, y deberás de encuadrar en la esquina inferior izquierda o derecha (la que mejor te funcione). La carta debe de estar iluminada con dos luces pequeñas, y la apertura del diafragma debe de ser de f: 1,3 (la más abierta).

Este proceso debe repetirse en toda la escala del lente, aunque eso dependerá del foquista, y es igual para todos los lentes que se vayan a usar en el proyecto.

## LA IMPORTANCIA DE VER LAS PRUEBAS

Ver el material filmado en las diferentes pruebas que se realicen, siempre va a ser importante en cada proyecto en el que participen, cada miembro del equipo empezando por el Director tiene que observar y evaluar su labor, por ejemplo tiene que ver a sus actores frente a la cámara, y en el caso del foquista como del asistente de cámara, ambos deben de verificar que los diferentes objetivos que probaron estén en sus medidas correspondientes. La revisión de las pruebas debe hacerse en una sala de proyección, ya que va a ser la mejor forma de ver los detalles y evaluar el material. No es recomendable que sea en un televisor o PC de una sala de postproducción porque los detalles no se ven bien proyectados.

La proyección de las pruebas sirve para ver algunos detalles técnicos. Por ejemplo, puede suceder que algún lente no define bien en los bordes con el diafragma abierto, f: 1,4 y mejore a partir de f: 2,8.

## HERRAMIENTAS Y ACCESORIOS

| Papel y Líquido Limpia Lente | Carta Tez de Óptica | Soldador y estaño | Probador de Corriente | Marcadores punta fina, lápiz de cera, grafito |
|---|---|---|---|---|
| Cinta métrica de Tela | Bolsa Plásticas | Gaffer Tape | Linterna y Pilas | Juego de tensores con raches |
| Toallas Blancas | Lupa mediana | Llave ajustable | Silicon y anti-corrosivo | Kit destornillador de precisión |
| Alcohol Etílico | Metro normal | Tester o multímetro | Un espejo mediano | Kit destornillador milimétrico |

Estas son algunas herramientas y accesorios que suele tener un buen asistente de cámara. Debo explicar que las cámaras suelen desajustarse cuando se trasladan, las vibraciones hacen que los tornillos se aflojen y de igual manera la óptica sufre desajustes. Hay locaciones donde los equipos suelen sufrir mucho; los rodajes en playas son muy delicados por el salitre y la humedad. Tanto los filtros y la óptica deben de estar siendo chequeados por los asistentes, las baterías suelen descargarse más rápido cuando hay mucha humedad. Una vez que termina la jornada de trabajo se debe realizar un mantenimiento exhaustivo para evitar que el salitre dañe y corroa los equipos.

## SOBRE MÍ

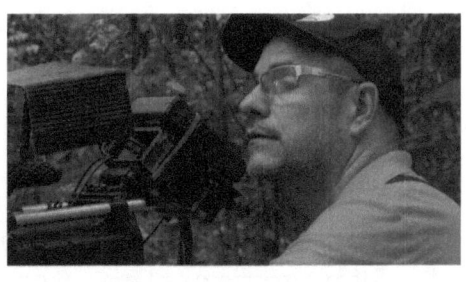

Nací en Caracas Venezuela en junio del año 1963, mi primer contacto con el cine fue cuando tenía 10 años me llevaron a ver una película en un cine llamado el Lincoln ubicado en la ciudad de Caracas, recuerdo que la película era Mexicana Lucha Libre con el santo. La Luz del Proyector no dejaba de llamar mi atención imaginaba que los luchadores estaban en la ventana de atrás donde yo observaba la luz de la proyección, y me quede con esa idea hasta que fui creciendo, En el año de 1982 viaje a Madrid- España y estudié cinematografía nivel I en la escuela TAI, regresé a Venezuela en el año 1984.

En el año 1985 conozco al señor Martín Álvarez que me ofrece trabajar en Bolívar Films y es quien me enseñó un poco el oficio de asistente de cámara, el 1987 realizó mi primera película como asistente de cámara.
1991 realizo mi primera película como primer asistente foguista
1998 realizo mi primer corto como director de fotografía.

He participado en diversos proyectos como director de fotografía en cine, televisión, y publicidad.
He sido facilitador de las materias de cámara y fotografía.
He organizado talleres de Dirección de fotografía, y cámara.

## *EL DIRECTOR DE FOTOGRAFÍA*

El director de fotografía es la persona responsable de la imagen, cada historia tiene un estilo y el director de fotografía es el ejecutor de dibujar con sus Luces lo que requiere la escena y lo que previamente le ha pedido el director. Su labor muchas veces es pensar cómo iluminar un espacio donde los actores se desplacen sin que esto genere sombras indeseadas o molestias en los actores, en un rodaje son muchas las decisiones y responsabilidades que debe de resolver un director de fotografía.

Cada director de fotografía tiene su manera de enfrentarse al decorado de filmación, hay quien hace plantillas y realizan bocetos de cada una de las escenas del rodaje, otros toman fotos de las locaciones o por lo menos las más importantes, hoy en día hay algunas aplicaciones sobre esquemas iluminación para facilitar las tareas del D. P. No importa que método utilices

El director de fotografía, al principio de este contenido dije que iba más allá entonces el buen asistente estará atento o por lo menos eso espero yo que te sumerjas en absorber todo lo que te ha explicado en este contenido.

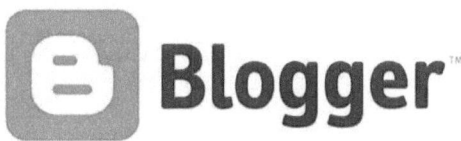

*ftg17.blogspot.com*

# GLOSARIO TÉCNICO

| Rental: Casa de alquiler de equipos de filmación | Seteado: se refiere a la configuración de la cámara | Frame: cuadro | Matte Box: Porta filtros | Indice de Exposición: se refiere al nivel ISO | Distancia focal: Escala numérica en los objetivos |
|---|---|---|---|---|---|
| Gaffer: Jefe eléctrico | C P S: Cuadros por segundos | Tilt Up: Vertical arriba | Dolly In: Carro adelante | Enfoque a ojo: Calculo de la distancia sin medir | Profundidad de campo: La Tolerancia por atrás y adelante |
| D P: Director de fotografía termino americano | Panning: Movimiento Horizontal | Tilt Down: Vertical abajo | Dolly Back: Carro atrás | Lentes Angulares: 16 mm 24 mm | Lentes tele: 85 mm 135 mm |

www.ingramcontent.com/pod-product-compliance
Lightning Source LLC
Chambersburg PA
CBHW031515210526
45464CB00007B/2920